Stephanie Zirbes

Individuum und Gesellschaft - Die Individualisierungsthese

GRIN Verlag

Bibliografische Information der Deutschen Nationalbibliothek:

Die Deutsche Bibliothek verzeichnet diese Publikation in der Deutschen National-
bibliografie; detaillierte bibliografische Daten sind im Internet über http://dnb.d-
nb.de/ abrufbar.

Dieses Werk sowie alle darin enthaltenen einzelnen Beiträge und Abbildungen
sind urheberrechtlich geschützt. Jede Verwertung, die nicht ausdrücklich vom
Urheberrechtsschutz zugelassen ist, bedarf der vorherigen Zustimmung des Verla-
ges. Das gilt insbesondere für Vervielfältigungen, Bearbeitungen, Übersetzungen,
Mikroverfilmungen, Auswertungen durch Datenbanken und für die Einspeicherung
und Verarbeitung in elektronische Systeme. Alle Rechte, auch die des auszugsweisen
Nachdrucks, der fotomechanischen Wiedergabe (einschließlich Mikrokopie) sowie
der Auswertung durch Datenbanken oder ähnliche Einrichtungen, vorbehalten.

Impressum:

Copyright © 2011 GRIN Verlag GmbH
Druck und Bindung: Books on Demand GmbH, Norderstedt Germany
ISBN: 978-3-656-27741-5

Dieses Buch bei GRIN:

http://www.grin.com/de/e-book/201671/individuum-und-gesellschaft-die-individua-
lisierungsthese

GRIN - Your knowledge has value

Der GRIN Verlag publiziert seit 1998 wissenschaftliche Arbeiten von Studenten, Hochschullehrern und anderen Akademikern als eBook und gedrucktes Buch. Die Verlagswebsite www.grin.com ist die ideale Plattform zur Veröffentlichung von Hausarbeiten, Abschlussarbeiten, wissenschaftlichen Aufsätzen, Dissertationen und Fachbüchern.

Besuchen Sie uns im Internet:

http://www.grin.com/

http://www.facebook.com/grincom

http://www.twitter.com/grin_com

Hochschule für Technik und Wirtschaft des Saarlandes

Bachelor-Studiengang Soziale Arbeit und Pädagogik der Kindheit

Referat

Individuum und Gesellschaft: Die Individualisierungsthese

Modul SP 4.4-3 Sozialwissenschaftliche Grundlagen II
Wintersemester 2010/2011

Vorgelegt von: Stephanie Zirbes

1. Semester
Abgabetermin : 31.03.2011

Inhaltsverzeichnis

Einleitung

Die Individualisierungsthese von Ulrich Beck, welche er in den 80er Jahren des letzten Jahrhunderts in seinem Buch „Risikogesellschaft" veröffentlichte, wird auch heute noch kontrovers diskutiert. Daher soll im Folgenden ein Überblick verschafft werden was mit Individualisierung überhaupt gemeint ist und welche unterschiedlichen Ansichten bezüglich des Themas zu finden sind. Das Hauptthema der Arbeit wird sich, wegen dessen Aktualität, auf die These Ulrich Becks konzentrieren und unter verschiedenen Gesichtspunkten beleuchten. Es soll deutlich gemacht werden was seine These auszeichnet und in wieweit sie sich von früheren Konzepten zu diesem Thema abgrenzt. Da die Begriffe „Erste Moderne" und „Zweite Moderne" grundlegend wichtig sind um seinen Ansatz wiederzugeben, wird im ersten Teil auf diese Thematik eingegangen, bevor seine Theorie der „dreifachen Individualisierung" erläutert wird. Darin beschreibt er drei Dimensionen, die den Individualisierungsprozess charakterisieren. Im Anschluss daran werden die Folgen der Individualisierung für das Individuum genauer betrachtet und es wird versucht die Thematik anschaulich zu gestalten und zu erklären, indem der Prozess und die Folgen der Individualisierung am Beispiel der Frau aufgezeigt werden. Der letzte Punkt setzt sich mit der Kritik und den offenen Fragen zu Ulrich Becks These auseinander, welche trotz, oder gerade wegen, des Erfolgs seiner Theorie, vielfältig aufgetreten sind. Als Literatur wurden überwiegend Veröffentlichungen von Ulrich Beck verwand um einen tieferen Einblick in das Komplexe Thema zu erhalten. Durch das Aufführen der Kritik and der These Ulrich Becks soll die Objektivität jedoch erhalten bleiben und kritisch untersucht werden ob die These wissenschaftlichen Bestand hat.

2. Der Begriff Individualisierung

Von dem Prozess der Individualisierung kann seit dem Übergang vom Mittelalter in die Renaissance gesprochen werden. Es gibt eine Vielzahl an Individualisierungs-Konzeptionen, unter anderen von Georg Simmel, Emile Durkheim und Max Weber, bei denen sich zwei verschiedene Sichtweisen auf den Prozess der Individualisierung gegenüber stehen. Zum einen wird davon ausgegangen, dass das Individuum durch auferlegte Rollen der Gesellschaft eine Unterdrückung erfährt und in seiner freien Entfaltung gehindert wird. Zum anderen wird argumentiert, dass erst die Gesellschaft den Menschen zum Individuum macht (vgl. Farzin/Jordan 2008, S. 114 ff.). Im Folgenden wird die These von Ulrich Beck zum Thema Individualisierung näher betrachtet, die keiner der erwähnten Ansichten eindeutig zugeordnet werden kann. Einer der Unterschiede zu den Theorien von Georg Simmel, Emile Durckheim und Max Weber, welche ihre Theorien am Anfang des 20. Jahrhunderts erstellten, „liegt darin: Heute werden die Menschen nicht aus ständischen, religiös-transzendentalen Bindungen *in die* Welt der Industriegesellschaft „entlassen", sondern *aus* der Industriegesellschaft in die Turbulenzen der Weltrisikogesellschaft" (Beck 1995, S. 185; Hervorh. d. Verf.).

3. Ulrich Becks Individualisierungsthese

In seinem 1986 erschienenen Buch „Risikogesellschaft – Auf dem Weg in eine andere Moderne", beschreibt der Soziologe Ulrich Beck die zunehmende Individualisierung im Zusammenhang mit dem Übergang in eine Zweite Moderne.

3.1 Erste und Zweite Moderne

Ulrich Beck unterscheidet bei seiner Theorie zwischen der Ersten und der Zweiten Moderne. Die Industriegesellschaftliche Erste Moderne ist durch allgemeinen technischen und wirtschaftlichen Fortschritt aus der

Agrargesellschaft entstanden. Dieser soziale Wandel vollzog sich bewusst und gewollt, da er mit der Hoffnung verbunden war materielle Mängel zu überwinden (vgl. Volkmann 2007, S. 24). Trotz Abkehr von alten Traditionen, wie religiöse und ständische, ist das Individuum noch in Kernfamilien, Geschlechterrollen und Klassen eingebunden (vgl. Beck 1995, S. 187). Die Risiken welche das Individuum trägt, sind in der Ersten Moderne hierarchisch verteilt. Das größte Risiko, etwa im Bezug auf Armut oder die Gesundheit, trägt demnach wer am wenigsten Besitzt (vgl. Volkmann 2007, S. 26). Dieser Wandel war gegen 1960 abgeschlossen und entwickelt sich seither in einem eigendynamischen Prozess zu einer Zweiten Moderne. Diesen Prozess charakterisiert Ulrich Beck als unbewusst und latent. Er nennt dies auch reflexive Modernisierung, da sich die fortschreitenden Modernisierungsprozesse dadurch auszeichnen, immer mehr mit der Bewältigung von selbstverursachten Problemen beschäftigt und konfrontiert zu sein (vgl. Volkmann 2007, S. 24). Beispielsweise sind Umweltverschmutzung, Klimawandel oder Atommüll Beiprodukte von Modernisierungsprozessen welche zum Problem für die Gesellschaft geworden sind. Auch die Risiken für den Einzelnen haben sich dadurch verändert, denn die Modernisierungsrisiken gelten für alle. So ist z. B. die von der Industrie verursachte Schadstoffbelastung der Gewässer ein Problem das alle betrifft und unabhängig vom Einkommen zu sehen. Aus diesem Grund spricht Ulrich Beck auch von einer „Risikogesellschaft", in der die Menschen der Zweiten Moderne leben (vgl. Volkmann 2007, S. 26). Ein weiteres wichtiges Merkmal dieser neuen Moderne ist die verstärkte Individualisierung, welche in Deutschland durch das starke Wirtschaftswachstum Mitte des 20. Jahrhunderts in Gang gesetzt wurde. Auf einmal gab es „ein *kollektives Mehr* an Einkommen, Bildung, Mobilität, Recht, Wissenschaft, Massenkonsum" (Beck 1986, S. 122; Hervorh. d. Verf.). Durch diesen Aufschwung hatten die Menschen im Durchschnitt ein kürzeres Arbeitsleben, verdienten jedoch mehr und es verlängerten sich die Lebenszeiten. Dies führte zu einer allgemeinen Verbesserung der Lebensbedingungen, wodurch die Klassen im Ganzen eine Etage höher stiegen. Daher bezeichnet Ulrich Beck dies auch als den *Fahrstuhleffekt* (vgl. Beck 1986, S. 124).

3.2 Die dreifache Individualisierung

Die Theorie von Ulrich Beck, beinhaltet drei Dimensionen welche den Individualisierungsprozess in der Zweiten Moderne charakterisieren. Zunächst ist zu sagen, dass mit Individualisierung im Sinne Ulrich Becks nicht Autonomie, Emanzipation, oder gar Beziehungslosigkeit gemeint sind (vgl. Beck 1995, S.190), sondern die Folgenden drei Erscheinungen.

Die *„Freisetzungsdimension"* beschreibt, wie das Individuum aus vorgegebenen sozialen Lebensformen, wie traditionellen Versorgungs- und Herrschaftszusammenhängen herausgelöst wird (vgl. Beck 1986, S. 206). Dies betrifft z. B. Klassen, Familien- und Geschlechterrollen, wobei Ulrich Beck sich dabei nicht auf vormoderne Gesellschaften, sondern auf die Bedingungen der Ersten Moderne bezieht, welche nun bereits veraltet sind. Durch diese Herauslösung aus industriegesellschaftlichen Lebensformen, wird der Einzelne stärker auf sich alleine gestellt und verantwortlich für die Planung seiner eigenen individuellen Biographie (vgl. Volkmann 2007, S. 33).

Anhand der *„Entzauberungsdimension"* führt er den *„Verlust von traditionellen Sicherheiten* im Hinblick auf Handlungswissen, Glauben und leitende Normen" (Beck 1986, S. 206) auf. So wird beispielsweise die Religion nicht mehr selbstverständlich von den Eltern übernommen, sondern zu einer individuellen Entscheidung.

Die dritte Dimension ist die *„Kontroll- bzw. Reintegrationsdimension"*. Sie beschreibt eine *„neue Art der sozialen Einbindung"* (Beck 1986, S. 206; Hervorh. d. Verf.). Hierbei wird besonders deutlich, dass es sich bei der Individualisierung um einen ambivalenten Prozess handelt, denn einerseits wird der Mensch zur Individualisierung gezwungen und muss grundlegende Entscheidungen immer wieder alleine treffen, ohne einen sicheren Orientierungsrahmen wie es in der Ersten Moderne z. B. noch die Familie oder die Klasse bot. Andererseits wird er dadurch in neue Abhängigkeiten gedrängt (vgl. Volkmann 2007, S. 34). So steigt die Abhängigkeit der Menschen von Institutionen und des Sozialstaates, etwa in Bezug auf Bildung, Arbeitsmarkt, Mobilität, Konsum sowie Beratung und Betreuung von Psychologen und Pädagogen (vgl. Beck 1986, S. 118). Gleichzeitig kontrollieren die Institutionen mit ihren Angeboten wie z. B. sozialrechtliche Regelungen oder der Verkehrsplanung, sowie mit anderen von ihnen getroffenen Regelungen wie dem Rentensystem, die Individuen (vgl. Beck 1995, S. 189).

Der Prozess der Individualisierung hängt zudem stark mit Urbanisierung zusammen. In ländlichen Gegenden ist sie noch nicht so weit fortgeschritten wie in städtischen, da dort noch häufiger traditionelle Familienformen und Lebensstile zu finden sind. Durch Massenmedien und Tourismus haben jedoch die Leitbilder der Welt auch schon auf dem Land Einzug gefunden (vgl. Beck/Beck-Gernsheim 1994, S. 16).

3.3 Folgen der Individualisierung

Bei der Individualisierung handelt es sich um einen ambivalenten Prozess. Die Auflösung vorgegebener sozialer Lebensformen ist mit neuen Freiheiten, Chancen und Rechten für den Einzelnen verbunden und es erfolgt eine Befreiung von traditionellen Vorgaben, Beschränkungen, Zwängen und Verboten der Ersten Moderne (vgl. Beck/Beck-Gernsheim 1994, S. 11 f.). In der Zweiten Moderne wird der Mensch jedoch mit neuen Vorgaben, Pflichten und Regeln „unter den Rahmenbedingungen des Sozialstaates, also auf dem Hintergrund der Bildungsexpansion, hoher Mobilitätsanforderungen des Arbeitsmarktes und weit vorangetriebener Verrechtlichung der Arbeitsverhältnisse" (Beck 1995, S. 185) konfrontiert. Das Individuum in der neuen Moderne wird somit abhängig von den Institutionen und deren Vorgaben. Im Vergleich zur Industriegesellschaft handelt es sich zwar nicht mehr um strikte traditionelle Vorgaben an die es sich zu halten gilt, sondern eher um Angebote und Anreize für Leistungen und Handlungen, wie z. B. BAföG, Elterngeld, private Rentenversicherungen und so weiter. Dies erschwert die Gestaltung der Biographie jedoch, da aktive Eigenleistung bei der Planung und

Umsetzung von dieser gefordert wird. Die Vielzahl der möglichen Entscheidungen und Optionen, zwischen denen es zu wählen gilt, lässt die Normalbiographie zur Wahlbiographie werden. Hinzu kommt, dass die Leistungen des Sozialstaates in den meisten Fällen für den Einzelnen und nicht für Familien Konzipiert sind, was sich negativ auf Familien auswirkt, da sie nicht mehr als Gemeinschaft, sondern als verschiedene Individuen angesehen werden. Nur wenn Erwerbsbeteiligung, bzw. -bereitschaft vorliegen, können Leistungen bezogen werden. Dazu ist allerdings grundsätzlich erst eine Bildungsbereitschaft notwendig. Und in beiden Fällen, Arbeitsmarkt wie Bildung, ist eine Grundvoraussetzung die Bereitschaft zur Mobilität. Dies sind alles Anforderungen denen das Individuum gerecht werden muss und von denen es abhängig ist. Kann es diesen Anforderungen nicht gerecht werden, dann ist es im Falle des Scheiterns selbst verantwortlich (vgl. Beck/Beck-Gernsheim 1994, S.12 ff.), denn es wird gezwungen Entscheidungen bezüglich seiner Biographie alleine zu treffen. Ob es die Kompetenzen dazu besitzt oder nicht ist unerheblich, es muss die Folgen seiner Entscheidungen, ob positiv oder negativ, alleine verantworten (vgl. Beck 1995, S. 185). Genau dieser Aspekt ist auch das Neue an der These zur Individualisierung von Ulrich Beck: „Das Neue liegt in den Konsequenzen" (Beck 1995, S. 189). Individualisierung ist somit keine freie Entscheidung, sondern ein Zwang des ständigen Entscheidens. Es ist nicht mehr nur eine Freiheit zwischen unzähligen Optionen wählen zu können, sondern ein Muss sich für eine zu entscheiden. Wo früher die Familien, dörflichen Gemeinschaften, Klassen und deren Regeln Orientierungshilfe boten bei der Planung der Biographie, verlagert sich diese Verantwortung nun, mitsamt der Chancen und Folgen, auf das Individuum, was einen Verlust von Sicherheiten mit sich führt (vgl. Beck/Beck-Gernsheim 1994, S. 14 f.). Diese Entwicklungen, die Herauslösung des Individuums aus traditionellen Versorgungsbezügen, Geschlechterrollen und Klassen, sowie die Eigenverantwortung in Bezug auf Lebensplanung und Arbeitsmarkt, haben trotz materiellem Wohlstands der Gesellschaft und sozialer Sicherheiten zu neuen sozialen Ungleichheiten geführt (vgl. Beck 1995, S. 188). „Es entstehen der Tendenz nach individualisierte Existenzformen und Existenzlagen, die die

Menschen dazu zwingen, sich selbst – um des eigenen materiellen Überlebens willen – zum Zentrum ihrer eigenen Lebensplanungen und Lebensführung zu machen" (Beck 1986, S.116 f.). Da der Mensch durch den Verlust der Versorgungsbezüge wesentlich stärker auf sich alleine gestellt ist, steigt auch das Risiko für ihn. Wo früher bei Fehlentscheidungen oder unverschuldeten Notlagen, z. B. im Beruf, auf die familiäre Versorgung gezählt werden konnte, ist das Individuum heute seinem eigenen Schicksal ausgeliefert, da jedes Scheitern in der Zweiten Moderne als selbstverschuldet angesehen wird.

3.4. Die Individualisierung am Beispiel der Frau

Wie sich die Lage der Frau im Zuge der Individualisierung verändert hat und die Wege, die sie in die Individualisierung geführt haben, erläutert Ulrich Beck (Beck 1986, S182 ff.) indem er fünf Bedingungen für ihre Freisetzung aus der traditionellen Frauenrolle der Ersten Moderne aufführt.

Erstens hat sich die Lebenserwartung durch den technischen Fortschritt erhöht, was zu einem anderen biographischen Aufbau führt. Während Frauen früher fast ihr ganzes Leben der, von der Gesellschaft erwarteten, Aufgabe nachgingen Kinder zur Welt zu bringen und zu erziehen, bleiben heute, nachdem der Nachwuchs aufgewachsen ist, noch etwa drei Jahrzehnte die den Frauen ohne Kindererziehung zur Verfügung stehen. Dadurch wird die Zeit der Mutterschaft zu einem Lebensabschnitt und nicht mehr zu einer lebensfüllenden Aufgabe.

Zweitens, fand im Zuge von Modernisierungen zum einen eine Umstrukturierung der Hausarbeit statt und zum anderen wurde durch den Einzug von technischen Geräten im Haus die klassische Hausarbeit der Frau entlastet. Dadurch war diese Arbeit nicht mehr eine erfüllenden und anerkannten Aufgabe, was viele Frauen auf den Weg in die Erwerbstätigkeit brachte.

Als dritten Grund führt Ulrich Beck die veränderten Bedingungen der Mutterschaft auf. In der traditionellen Gesellschaft war es selbstverständlich, dass Frauen die Rolle der Mutter übernehmen. Die Einführung der

Kontrazeption und rechtlichen Regelungen zum Schwangerschaftsabbruch hat Frauen jedoch die Möglichkeit eröffnet selbst zu entscheiden ob und wann sie bereit sind Mutter zu werden.

Der vierte Punkt bezieht sich auf die Herauslösung der Frau aus traditionellen Versorgungszusammenhängen, wie Ehe und Familie. Die steigende Anzahl von Scheidungen zeigt, dass Frauen sich auf die klassische Versorgung durch den Ehemann nicht mehr verlassen können, da sie im Fall einer Scheidung plötzlich davon abgeschnitten werden. Dies ist ein weiter Grund warum Frauen sich in der modernen Gesellschaft auf dem Arbeitsmarkt etabliert haben, um damit ihre Versorgung unabhängig von der Ehe zu sichern.

Fünftens spielen die Bildungschancen eine wichtige Rolle, die Frauen mittlerweile zur Verfügung stehen, da sie für berufliche Entwicklungen motiviert sind.

Diese fünf Bedingungen haben die traditionelle Frauenrolle grundsätzlich geändert. In der Zweiten Moderne steht ihnen eine Vielzahl an neuen Freiheiten, wie Bildung, Erwerbsarbeit und Familienplanung, jedoch auch Risiken, wie zum Beispiel Scheidung, gegenüber. „Damit greift aber die Individualisierungsspirale" (Beck 1986, S. 184).

Dies bedeutet neue Abhängigkeiten, die die Individualisierung mit sich bringt. Ebenso wie Männer, sind Frauen nun auf Mobilität, den Arbeitsmarkt und somit auf Institutionen angewiesen, welche alle ein hohes Maß an Flexibilität fordern. Den eigenen Lebenslauf dem seines Partners anzugleichen wird dadurch immer schwieriger, was dazu führt, dass die ehemalige Normalbiographie der Frau von der Bastelbiographie abgelöst wird (vgl. Volkmann 2007, S. 34). Das spiegelt sich auch in der Familie wider. „Arbeitsmarkt, Bildung, Mobilität – alles muß jetzt doppelt und dreifach vermittelt, verhandelt werden. Familie wird zu einem dauernden Jonglieren mit auseinander strebenden Mehrfachambitionen zwischen Berufserfordernissen, Bildungszwängen, Kinderverpflichtungen und dem häuslichen Einerlei" (Beck 1995, S. 189). Das Beispiel der Frau zeigt deutlich den ambivalenten Charakter von Individualisierungsprozessen, da zum einen eine Herauslösung und Freisetzung aus den vorgegebenen Sozialformen der Industriegesellschaft stattfindet. Dies ist mit neuen Freiheiten, aber auch mit dem Verlust von früheren Orientierungshilfen verbunden. Zum anderen muss die Frau sich nun aber den Regeln und Anforderungen des Sozialstaats unterwerfen, was wiederum mit neuen Zwängen und Vorgaben verbunden ist und sie dazu zwingt, ihre eigene Biographie immer wieder neu zu gestalten und zu überdenken.

4. Kritik an der These Ulrich Becks

Mit seinem Buch über die Risikogesellschaft und der darin enthaltenen These über die Individualisierung, hat Beck vor allem in soziologischen Kreisen viel Erfolg und Aufmerksamkeit verbuchen können. Dieser Erfolg steht jedoch auch vielfältiger Kritik und zahlreichen Fragen, welche bezüglich der Individualisierungsprozesse aufgeworfen worden, gegenüber.

Den größten Kritikpunkt stellen dabei die mangelnden empirischen Belege der These dar (Friedrichs 1998, S. 7). Da in der Soziologie, als Wissenschaft, größter Wert auf empirische Untersuchungen gelegt wird ist dieses Problem von zentraler Bedeutung. In diesem Zusammenhang weist Jürgen Friedrichs (Friedrichs 1998, S. 7) vor allem darauf hin, dass die Individualisierungsthese, obwohl nicht hinreichend Untersucht, bereits oft als Gegenwartsdiagnose gilt, als wäre sie bereits belegt. Diesen Zustand schreibt er jedoch eher dem Zeitgeist unserer Gesellschaft, als der Richtigkeit der Theorie zu.

Zudem sind viele Fragen bezüglich des Konzeptes und der genauen Definition von Individualisierung aufgekommen. Unter anderem was den genauen historischen sowie räumlichen Geltungsbereich der These betrifft. Da Individualisierungsprozesse, wie in Punkt zwei bereits beschrieben, schon früher untersucht worden sind, stellt sich die Frage was neu ist an der Theorie. Zudem ist unzureichend geklärt ob sich der Prozess auf Deutschland in der Nachkriegszeit bezieht, oder ob Individualisierung global zu verstehen ist. Ein weiterer Aspekt ist, dass nicht genau definiert wurde ob es sich bei der Individualisierung um einen Prozess oder einen Zustand handelt und in wieweit sie vom sozialen Stand in der Gesellschaft und von anderen Faktoren, wie dem Geschlecht, abhängig sind (Friedrichs 1998, S. 9). Diese unzureichend beantworteten Probleme, bzw. Fragen an der These von Ulrich Beck, gilt es empirisch zu überprüfen um die Richtigkeit nachweisen, oder widerlegen zu können. Einer solchen Prüfung steht Ulrich Beck allerdings skeptisch gegenüber, da er die Meinung vertritt, dass soziale Zusammenhänge in dieser Größenordnung nicht empirisch untersucht werden können (Friedrichs 1998, S. 7).

5. Fazit und Diskussion

Die Individualisierungsthese von Ulrich Beck kann nicht als neues Konzept gelten, da bereits vor ihm etwa Georg Simmel, Emile Durkheim und Max Weber Theorien zu diesem Thema aufgestellt haben. Sie unterscheidet sich jedoch von früher entwickelten Konzeptionen in ihrer Radikalität. Die Individuen werden, aus der bereits fortschrittlichen Ersten Moderne, in die Risiken der Zweiten Moderne entlassen und sehen sich völlig neuen Konsequenzen auf Grund ihres Handelns und ihrer Entscheidungen gegenüber. Durch die Herauslösung und Freisetzung der Menschen aus traditionellen Versorgungszusammenhängen und Sozialformen der Industriegesellschaft, stehen sie völlig neuen Freiheiten gegenüber. Dadurch verlieren sie jedoch die Orientierung, welche Menschen immer innerhalb ihrer Familie oder Klassengemeinschaft zur Verfügung stand. Zu diesem Verlust der Sicherheiten, kommt der Zwang des Sozialstaats, sich dessen Anforderungen und Regeln anzupassen und unter unzähligen Optionen für die Gestaltung der Biographie *alleine* entscheiden zu *müssen* und die Konsequenzen dementsprechend auch alleine zu tragen. Dies ist die Schwierigkeit, die die Individualisierung im Sinne Ulrich Becks mit sich bringt. Vieles was früher, quasi von selbst, entschieden wurde, muss jetzt immer wieder neue überdacht, abgewägt und ausgehandelt werden. So werden etwa der Glaube, Partnerschaft, Elternschaft, Bildung und Beruf zu Teilen der Biographie die individuell entschieden werden müssen. Dadurch wird die Normalbiographie, wie sie früher in den meisten Fällen aussah, zur Bastelbiographie. Besonders am Beispiel der Frau, deren Biographie sich sehr stark verändert hat, wird dies deutlich. Freigesetzt aus der klassischen Frauenrolle müssen viele grundlegende Entscheidungen, welche früher nicht entscheidbar waren, nun selbst getroffen werden. Besonders das Beispiel der Mutterschaft ist dabei sehr anschaulich.

In der Theorie von Ulrich Beck, lassen sich viele Ansatzpunkte und Identifikationsmöglichkeiten mit der heutigen Gesellschaft finden. Trotzdem darf die zahlreiche Kritik nicht vergessen werden, da sie einige ungeklärte Fragen und Probleme aufwirft. So ist die Theorie beispielsweise nicht empirisch belegt. Ob dies je geschehen wird, oder überhaupt möglich ist, steht zur Debatte. Zudem stellt sich die Frage ob die Theorie nicht zu drastisch formuliert ist. Sind wir wirklich schon aus allen alten Traditionen gelöst und zum größten Teil auf uns alleine gestellt? Gibt es nicht noch Orientierung und Entscheidungshilfe von Familie und Umfeld? Ist der Druck ständig Entscheidungen treffen zu müssen und eine Bastelbiographie zu erstellen allgemein vorhanden? Zudem steht noch offen wo solche Risikogesellschaften existieren. Ist sie universal erlebbar oder nur auf Deutschland bezogen? Wie kann eine Gesellschaft überhaupt noch zusammenhalten, wenn sie nur noch aus individualisierten Einzelkämpfern besteht? All diese Lücken in der Individualisierungstheorie von Ulrich Beck gilt es zu füllen.

Das Fazit dieser Ausarbeitung lautet, dass die These in vielerlei Hinsicht als eine treffende Beschreibung unserer heutigen Gesellschaft gelten kann. Es gibt viel Identifikationsraum und sie regt zum Nachdenken über den Ablauf der eigenen Biographie an. Jedoch ist sie stellenweise, besonders in Bezug auf die Versorgungszusammenhänge, zu verschärft. Man trifft in der Gesellschaft noch auf eine Vielzahl an funktionierenden Ehen und Familien, sowie auf Gemeinschaften die Halt bieten. Aus diesen Gesichtspunkten ist die These sehr interessant, in vielerlei Hinsicht gut nachvollziehbar und auch zum großen Teil ein Spiegel der Gesellschaft. Jedoch ist sie nicht als bewiesene Diagnose, sondern als nicht belegte Theorie zu sehen.

Literaturverzeichnis

Beck Ulrich (1986). Risikogesellschaft – Auf dem Weg in eine andere Moderne. Frankfurt am Main: Suhrkamp Verlag.

Beck Ulrich/Beck-Gernsheim Elisabeth (1994). Individualisierung in modernen Gesellschaften – Perspektiven und Kontroversen einer subjektorientierten Soziologie. In: Beck Ulrich/Beck-Gernsheim Elisabeth (Hg.). Riskante Freiheiten – Individualisierung in modernen Gesellschaften. Frankfurt am Main: Suhrkamp Verlag, S. 10-43.

Beck Ulrich (1995). Die „Individualisierungsdebatte". In: Schäfers Bernhard (Hg.). Soziologie in Deutschland. Entwicklung, Institutionalisierung und Berufsfelder, Theoretische Kontroversen. Opladen: Leske + Budrich, S. 185-198.

Friedrichs Jürgen (1998). Einleitung: „Im Flugsand der Individualisierung"?. In: Friedrichs Jürgen (Hg.). Die Individualisierungs-These. Opladen: Leske + Budrich, S. 7-13.

Schroer Markus (2008). Individuum/Individualisierung. In: Farzin Sina/Jordan Stefan (Hg.). Lexikon Soziologie und Sozialtheorie. Hundert Grundbegriffe. Stuttgart: Philipp Reclam jun., S. 113-117.

Volkmann Ute (2007). Das schwierige Leben in der „Zweiten Moderne" – Ulrich Becks „Risikogesellschaft". In: Schimank Uwe/Volkmann Ute (Hg.). Soziologische Gegenwartsdiagnose. Eine Bestandsaufnahme. Wiesbaden: VS Verlag für Sozialwissenschaften, S. 23-40. (2. Aufl.).